QUESTIONS
DE DROIT NATUREL,
PUBLIC ET POLITIQUE, &c.

DEUXIÈME COROLLAIRE.

DU DROIT D'ÊTRE BIEN.

J'AI Droit d'être bien : donc, j'ai le pouvoir exclusif de me commander moi-même, c'est-à-dire, de présider à l'action de toutes mes facultés. En effet, mes facultés sont ma propriété, mon domaine; & bien évidemment elles cesseroient de l'être, si l'on pouvoit leur ordonner le mouvement ou le leur interdire, dans un temps ou d'une manière qui ne me conviendroit pas.

Tout être doué d'une volonté proprement dite, est mal, s'il dépend d'autrui; car, on ne peut supposer que deux volontés soient constamment à l'unisson, de manière que l'une veuille toujours comme l'autre veut, soit à cause que les objets

G

E*

se teignent dans nos sens, qui sont diversement configurés, & se présentent le plus souvent sous différentes faces; soit à cause de cet orgueil inné, témoin de notre liberté personnelle, qui ne peut rien souffrir qui sente la domination. Donc il doit nécessairement s'élever des conflits entre deux volontés, & de ces conflits, il résulteroit un déplaisir intérieur, un tourment inévitable, pour celle des deux qu'on condamneroit à fléchir.

D'ailleurs, comme tous les atômes de matière sont dans un mouvement actuel; qu'affectés par la gravitation, ils font tous un effort proportionnel pour s'approcher du centre; de même, tous les esprits sont entraînés par le desir du bien. Mais, quoique l'impulsion soit nécessaire, le choix des moyens ne l'est pas; & c'est en cela que consiste la moralité de nos actions. Donc, il faut ou nier que l'immoralité soit possible, ou confesser que mon Droit de choisir est certain. Donc, si la route qu'un autre prend, me déplaît, je suis le maître de ne l'y pas suivre, & par conséquent, de régler l'exercice de mes facultés.

Mais, dira-t-on, si la volonté qui dépend, est aveugle, la plaindrez-vous sous la direction d'une volonté toujours sage? Non, je la féliciterois de marcher sous de tels auspices, pourvu toutefois que son mouvement ne fût pas purement paffif, qu'elle fentît au moins imparfaitement la raifon de fon obéiffance, & qu'elle ne lui coûtât jamais. En pofant ces conditions, je m'apperçois que je combats un cas métaphyfique, & ce feul défaut anéantit l'objection.

En effet, où trouver cette volonté qu'aucun faux jour, qu'aucun intérêt n'égare ? Où trouver fur-tout cet autre phénomène, un parfait ignorant qui fe rende volontiers à la raifon ? Eft-ce dans la claffe des fots qu'il faut chercher la docilité ? Cet attribut né forme-t-il pas l'appanage des efprits les plus judicieux, & la prétention à l'infaillibilité n'eft-elle pas celui des plus ineptes ?

Qu'importe, répartiront-ils ; c'eft un bonheur que d'obéir à la raifon. Nos pareils ont le malheur de s'en écarter par corruption ou par pur ignorance, & nous prenons foin de les en empêcher ; nous allons même jufqu'à les forcer de la fuivre ; mais n'eft-ce pas là bien mériter d'eux ?

Quoique cet argument ne foit qu'un fophifme, il a fouvent trompé les conducteurs des peuples, & je crois important d'en montrer toute l'illufion.

Oui, c'eft un bonheur que d'obéir à la raifon ; mais à la raifon-univerfelle, à celle qui n'appartient à perfonne, à celle qui domine la raifon de chacun. C'eft un fi grand bonheur, c'eft un devoir si rigoureux de s'y soumettre, qu'il vous est défendu de m'y contraindre, vous étiez d'y convenir vous-même le premier ? [...] à l'erreur, vous vous donneriez un [...] pour son oracle ; que, soumis à [...] vous en usurperiez à mon égard, toute [...] tude ; que vous m'empêcheriez d'appeller de votre Tribunal au sien, & qu'ainsi vous exerceriez une jurisdiction qui ne sauroit vous convenir. Et 2°, parce qu'alors vous dénatureriez les actes de mon obéissance ; puisque vous leur ôteriez tout le prix moral qui doit les accompagner.

En un mot, eussiez-vous la raison de votre côté, si je crois l'avoir du mien, nous n'avons tous deux pour arbitre que notre conscience ; & si vous entendez ne point ressortir de la mienne, ne m'autorisez-vous pas à décliner la vôtre ? Et dès-lors ou votre Droit est chimérique, ou le mien est démontré réel. La raison est quelque chose de si beau, que nous nous parons tous de ses couleurs, & que souvent nous nous flattons de justifier nos absurdités même, en les couvrant de son nom. C'est un puissant allié que chacun sollicite, & tâche de mettre dans ses intérêts, sûr de n'avoir alors qu'à parler pour tout assujettir.

Permettez à qui que ce soit de s'arroger une [...]

... & vous ferez de la raison
... de difcorde : vous la jetterez dans
... chacun n'en aura qu'une portion plus
... médiocre ; chacun néanmoins prétendra
... poffeder toute entière , & l'on ne ceffera de
... entredifputer , &c. &c. &c.

TROISIÈME COROLLAIRE.

Du Droit d'être bien.

J'Ai Droit d'être bien ; donc, je dois exifter
à l'abri de toute crainte , & dans le cas où l'on
troubleroit ma fécurité , je peux employer toutes
mes facultés pour la maintenir.

Le Créateur ne nous a pas mis dans une fituation
où nous foyons hors d'atteinte : il nous a revêtus
d'un limon fragile , & non-feulement il a permis
à toute la maffe des corps de nous affecter en
diverfes manières ; il en a même doué plufieurs
de mouvemens ou de qualités qui nous détrui-
roient fur l'heure, fi nos fens ou la raifon ne
nous inftruifoient à nous en garantir. Mais en
nous égalifant tous à cet égard ; en nous donnant
un corps également paffible, il eft évident qu'il

C 3

nous a tous condamnés à vivre dans un état per-
pétuel de crainte, ou que j'ai Droit à la même
sécurité qui peut appartenir à mes pareils.

Laissons donc à part les dangers dont les corps
organisés ou bruts, nous menacent, & pour
nous renfermer dans ce qu'offre d'intéressant la
Question dont il s'agit, voyons si nous devons mutuellement nous craindre, ou si nous ne le devons
pas.

Or, j'ai le Droit d'exister; donc, je n'ai pas
celui d'attenter sur les jours de mon semblable;
car, ce dernier Droit seroit manifestement né-
gatif du premier. Donc, l'intérêt de ma con-
servation lui répond de la sienne; & comme cet
intérêt est infini, par rapport à moi, la sûreté
qu'il lui donne, doit l'être, par rapport à lui.
Donc, du Droit d'exister qui nous est commun,
il résulte nécessairement que, loin d'avoir à nous
craindre, nous pouvons mutuellement nous con-
fier notre salut.

Donc, l'intérêt que chacun a de se conserver,
est le véritable lien des hommes, & le principal fondement de leur sécurité.

Unis qu'ils sont par ce lien naturel, qu'ont-
ils donc à craindre?... Les Loix? non, car s'ils
avoient imaginé qu'ils auroient à les redouter, ils
ne les auroient pas faites, & s'ils en avoient

... s croient? Non
... établi l'autorité que
... ar hasard, ceux à qui
... l'exercice, nous en feraient
... & d'allarme, ils se seroient
... sur de leur institution, ou plu-
... aurions bien étrangement permis
... lesquels nous nous ferions
... oroit d'établer sans inquiétude,
... allégés de terreurs, précisément
... que nous aurions concertés pour nous
... affranchir. (*)

... es honnêtes gens qui se plaignent tant de
... sévérité, qui nous accusent d'être méchans par
... je réponds, sans récriminer, mais aussi, sans
... convenir qu'il soient posés par privilège, que nous avons
... des Loix, que nous avons institué des pouvoirs contre
... crimes & que les pervers n'ont jamais rien fait de pareil
... la vertu, que ces Loix sont en général moralement
... qu'elles ne sont par conséquent pas l'ouvrage
... vraiment mauvais.

C 4

Moquon-nous donc des spectres qu'un cerveau frappés nous a peints dans l'état de nature, c'est-à-dire, avant que l'organisation des sociétés eût acquis un certain développement: souvent un voyageur n'apperçoit, dans un pays nouveau pour lui, que géans ou que monstres, enfantés par son imagination. Un second, plus rassis & curieux de vérifier le fait, y pénètre; & le tableau qu'il en donne, est vrai, quoique tout différent.

Croirions-nous, en effet que, durant cet état, l'homme se trémoussât à la chûte d'une feuille?

Au reste, j'en préviens une fois pour toutes, quand je dis que nous avons fait des Loix; j'entends uniquement que nous les avons extraites du Code Naturel; que nous en avons fixé le sens, déterminé l'application, arrêté la forme; & non pas, que nous en ayons été proprement les créateurs; car, ce qui n'est point, au moins implicitement renfermé dans ce Code, le vote le plus universel n'en feroit pas une Loi. Ce ne feroit jamais qu'un statut, un réglement, une ordonnance, qu'à la vérité les votans feroient tenus d'obferver, non par la conscience, mais en vertu de l'engagement positif qu'ils en auroient pris. Aussi le nom de Loix ne se donne-t-il qu'improprement, & par extension, à ce qui concerne la distribution des Citoyens en diverses tribus, leur habillement, leur table, leur éducation, le temps de vaquer au travail, la manière de s'assembler, l'époque de l'émancipation des enfans, &c. &c. &c.

Qu'il friſſonnât au bruit d'un battement d'aîles, ou d'un cri d'oiſeau ? La peur eſt l'effet de l'inex-périence ; c'eſt une paſſion factice , lorſqu'on en eſt affecté d'habitude : un ſauvage ne la con-noît point. Eh ! qui pourroit la jetter, l'entretenir dans ſon ame ? Les individus de ſon eſpèce ? Il ſeroit donc lui-même redoutable pour eux, & dès-lors ſa peur devroit s'évanouir. Ceux des autres eſpèces ? Craint de la plupart, même des plus fiers, ſupérieur à tous par ſon agilité, par ſon art ou par ſa force, il n'en eſt aucun qu'il n'oſe braver.

Mais, dit-on, il eſt dans un état continuel de guerre : il lui faut, chaque jour, diſputer ſa nourriture , ſa compagne, ſon aſyle : peut-il donc avoir un moment de ſécurité ?...

Quoi ! d'abord vous nous l'avez peint tremblant, loin du péril même ; & maintenant que vous avez beſoin de contraſter vos couleurs, vous le repré-ſentez affrontant les dangers & combattant ſans ceſſe ? Les contraſtes qui font un bon effet dans la peinture, en font un tout oppoſé dans le rai-ſonnement. Car, enfin s'il lui faut diſputer tous les objets de ſes beſoins, il périroit, s'il n'étoit plein d'audace ; & s'il vit, quoique timide, il eſt donc faux qu'il ait à les diſputer.

En un mot, puiſque nous avons tous un Droit naturel d'être bien, nous avons celui de ne nous

point craindre, ou d'oppofer tous nos moyens à
quiconque veut nous imprimer la terreur. Car,
qu'eft-ce que le bien-être ? C'eft la férénité de
l'ame, ce calme profond dans toute la fphère de
notre nature, lequel réfulte du concert agréable
de nos fenfations : c'eft un niveau parfait entre
nos Droits réels & nos defirs légitimes, un doux
équilibre, que le moindre contrepoids feroit évanouir. Ainfi le moindre fouffle ride-t-il la fur-
face de la mer.

Or, dans un cœur où les trances de l'effroi
règnent, ce concert univerfel peut-il s'y trouver ?
Vous auriez beau l'entourer d'objets attrayans, de
mêts exquis, d'honneurs fomptueux ; vous ne
fauriez l'amorcer ni le réjouir : il eft une amer-
tume fecrette qui lui corrompt toutes les délices :
un poids intérieur qui le refferre, & l'empêche
de fe dilater : ôtez ce glaive qui pend fur fa tête,
fi vous voulez qu'il foit heureux.

QUATRIÈME COROLLAIRE.

Du Droit d'être bien.

J'ai Droit d'être bien : donc je peux librement ufer de mes propriétés, de ma raifon, de mes fens, de mon art, de mes facultés quelconques, ainfi qu'il eft permis à mes pareils d'ufer des leurs, relativement à l'intérêt de leur confervation & de leur bien être, dans toute la mefure des Droits appartenans à mon efpèce, & conformément aux préceptes de la fouveraine raifon.

De mes propriétés ; car ayant un Droit abfolu fur elles, je peux les confommer, les tranfporter, les donner, les échanger, les facrifier, les défendre, fans pouvoir être querellé pour aucune de mes difpofitions arbitraires; ou je ne ferois pas l'égal de mes égaux.

De ma raifon : en effet, ma raifon eft l'œil de ma confcience, & nul n'a droit de s'interpofer entre cet œil & la vérité. C'eft auffi l'inftrument principal de mon bonheur; puifque fa fonction eft de m'éclairer fur les moyens d'y parvenir; & par conféquent l'affervir, la dénaturer, me gêner

dans fon exercice, ce feroit ufurper fur moi l'autorité de la nature; me ravir le plus facré des
Droits que je tiens d'elle; & ce que le plus fouvent on reçut en efclave, me l'intimer en ty-
ran. &c. &c.

De mes fens; car ils font deftinés à m'avertir,
d'écarter ce qui me nuiroit, & de rechercher ce
qui m'eft analogue : ce font les gardiens & les
tuteurs de mon falut; les confeillers & les affef-
feurs de ma raifon; les canaux par où le plaifir
defcend dans mon ame; & les filtres établis pour
me le varier. Celui donc qui m'en intercepteroit l'u-
fage, ou qui fe permettroit feulement de m'y trou-
bler, en fe déclarant l'ennemi de mon bien-être,
m'autoriferoit à me montrer l'ennemi du fien, &c.

De mon art; car c'eft un attribut, un ingrédient
de mon être; & lorfque je l'exploite pour mon
profit, fi quelqu'un y mettoit obftacle, il s'arro-
geroit fur moi le Droit de mort. &c. &c.

Enfin, de mes facultés quelconques; d'aimer
ou de haïr, d'accepter ou de refufer, de parler ou
de me taire; d'écouter ou de ne pas entendre,
de chaffer ou de pêcher, d'errer, ou d'adopter
un domicile, de travailler ou de refter en re-
pos, &c.; car toutes ces facultés entrent dans l'intégration de ma propriété perfonnelle; & celui-là
reconnoîtroit, à fon infçu, qu'il ne les a pas lui-

... feroit affez imprudent pour me les
&c. &c.

Résumé

... énumération analytique de mes Droits,
... ... orgueil qui ne fait qu'exagé-
... ... de les titres ; mais avec cette
... ... prit qui laisse voir les objets tels
... ... avec ce flegme de raison qui cherche
... moins pour foi, que pour les autres,
... qui se reprocheroit d'y rien ajouter autant que
... ... ôter.

... ... ces Droits ne font pas tellement les
... ... qu'ils ne foient ceux de tout autre ; & j'ai dû
... ... avec une précifion d'autant plus fcrupu-
... ... qu'en les expofant à l'examen de mes fem-
blables, j'avois intérêt à ne leur donner aucun
exemple de prétention. En effet, rien d'injurieux,
rien d'offenfif dans ces Droits : feulement ils n'ont
de rapport immédiat qu'à l'individu ; mais il ne
faut que les bien confidérer fous ce rapport même,
pour en voir découler tous nos devoirs naturels.

En effet, fi je connois mes Droits, j'en fuis jaloux ;
fi j'en fuis jaloux, je ne faurois les compromettre : fi
je ne les compromets point ; je laiffe chacun jouir
pleinement des fiens : donc, je ne fais tort à perfonne : donc, en ce point principal, j'accomplis la

Loi naturelle ; & pour donner à ma vertu la perfec-
tion qui lui manque, il ne faut plus que me
porter au bien par des motifs plausibles ; motifs
qu'on ne sauroit guère trouver que dans l'ordre
social.

Du fait même de l'existence, j'ai conclu mon
Droit d'être : du Droit d'être, j'ai déduit celui d'être
bien : du droit d'être bien, on a vu partir, comme
d'une tige, les diverses branches de la propriété
personnelle : de cette propriété, découlent tous
les principes de la morale, c'est-à-dire, l'ordonnance des passions, & la discipline des besoins :
des besoins & des passions qui se développent
dans nos différens périodes, dérivent des Droits
relatifs aux objets qui leur sont analogues : Droits
de seconde nécessité pour le complément de notre
bien-être ; mais dont je n'ai pas fait entrer le
détail dans cet *Extrait*.

Voilà sommairement les Droits naturels de
l'homme, tous intimement liés les uns aux autres,
tous naissans du même fonds. Que cette vérifi-
cation m'a peu flatté ! Je n'en ai constaté pas un
qui ne soit ou totalement détruit, ou sujet à
des lésions manifestes, de manière que cette ampu-
tation est plutôt le dénombrement de nos pertes,
que l'état & la reconnoissance de nos biens
réels. Droit d'exister ; Droit d'être bien ; Droit

d'obéir à sa raison ; d'exploiter ses facultés ; de suivre les penchans les plus énergiques de son cœur, même dans le choix d'une compagne ; de jouir de la mesure la plus commune de liberté, de sécurité, de considération : Droit même de sucer le lait maternel, lait qui nous appartient autant que l'existence ; tous ces Droits sont violés & presque nuls pour les trois quarts des humains.

Mais ne nous laissons pas aigrir par un coup-d'œil si triste : songeons que le Père commun nous avoit investis d'un riche domaine, & ne cessons d'opposer cette magnifique pensée, à l'impatiente douleur de nous en voir dépouillés. Osons davantage : après l'avoir interrogé sur notre contingent, certains qu'il n'a privilégié ni déshérité personne, examinons, sans chagrin, ce qu'est devenu notre premier patrimoine, dans quelles mains il a passé presque tout entier par l'effet de la fortune, & comment nous en pouvons recouvrer au moins le plus précieux. Sans cela, notre spéculation ne seroit que la peinture d'un pays idéal, qu'un roman de la nature, qu'on pourroit placer avec tant d'autres, à côté de la *République de Platon.*

Pour utiliser mon travail, il faut donc revenir sur mes pas, ou plutôt en partant du point où je suis resté, voir ce que devient le Code naturel fondu dans les inſtitutions civiles ; & , lorſqu'il diſparoîtra par des ſtatuts dérogatoires, tâcher de le régénérer dans le creuſet de l'examen.

C'eſt ici ſpécialement qu'il faut marcher avec lenteur & prudence ; car on ne peut arriver à la vérité que ſur un déblai d'erreurs innombrables, & d'erreurs auxquelles il eſt quelquefois plus dangereux de toucher qu'aux autels. Du reſte, ceux qui me liront, croiront toujours juger d'après eux-mêmes ; & , s'ils ſont intérieurement diſpoſés à reſpecter les préceptes de la nature, ils pardonneront aſſurément, non pas à moi, qui ne ſuis ni leur directeur ni leur maître ; mais à leur propre raiſon, mais à ce cenſeur univerſel, la conſcience, de leur prouver qu'ils ont ſouvent le malheur d'y contrevenir.

Que ſi mon eſpoir étoit déçu ; s'ils me trouvoient en contradiction avec cet oracle, j'oſerois les accuſer d'avoir conduit leurs préjugés avec eux, en rétrogradant vers les premiers jours du monde, & de s'être flattés qu'ils diſcerneroient les traits primitifs de l'humanité, cachés la plupart ſous la rouille des ſiècles, ſans avoir cueilli d'abord le rameau d'or de la bonne foi.

Je crois, en effet, avoir aſſis nos Droits ſur deux baſes inébranlables, notre ſupériorité ſur les autres eſpèces, & nos beſoins innés ; car cette

ſupériorité,

ipérieuré, comme fes befoins , fe retrouvent également dans tout individu , puifqu'aucun n'eſt ni plus ni moins une *perſonne*, il répugne que les mêmes droits n'entrent pas dans ſa conſtitu- tion. Dans ce plan, rien n'eſt idéal, rien n'eſt hypothétique ; tous les matériaux font tirés des carrières de l'évidence, reconnus par la voix des ſages , & placés , en quelque ſorte, ſous la main de la raiſon. Auſſi chaque mot eſt-il un *oui* du cœur plutôt qu'un apperçu de l'eſprit.

Maintenant donc , je connois la charte de la nature ; en y cherchant ce qu'elle m'accordoit , j'ai trouvé ce qu'elle me demandoit pour mes ſemblables : au bas du texte de mes Droits , à chaque page , j'ai lu le commentaire de mes de- voirs ; & je n'aurai rien à déſirer pour l'homme , s'il eſt également bien traité dans les pactes des Nations.

Du Citoyen

Le Citoyen, en prenant cette dénomination dans ſa plus grande latitude , eſt un homme qui vit libre , ſous un ſyſtême de Loix poſitives , au- quel il s'eſt ſoumis volontairement. En effet , puiſ- qu'il n'eſt que trois manières générales d'exiſter ; ſavoir , ſous l'empire du ſeul droit naturel dont on n'eſt pas l'auteur , ou ſous le caprice de la force ;

D

dont on est plus ou moins la victime, ou sous
l'autorité des loix qu'on aime, il est visible que la
dernière seule convient parfaitement au Citoyen.

Ainsi, nulle part, l'homme n'est indépendant;
mais autant il est fier jusqu'à l'excès dans l'état
insocial, autant il est humilié jusqu'à la dégra-
dation dans la servitude; &, pour lui retrouver
sa dignité convenable, il faut le considérer entre
les deux extrêmes, c'est-à-dire, soumis à des
loix qui le rendent maître de ses passions.

Si le sauvage ne craint rien, il n'a du moins
pour garant de son salut que sa propre force;
& si l'esclave s'inquiète peu de ses besoins, la
raison & sa volonté n'entrant pour rien dans ses
jouissances, il ne peut s'en contenter, qu'il ne
soit abruti, ni réfléchir à celles même qui le flatent
davantage, qu'il n'en exprime mille poisons. Il
n'appartient qu'au Citoyen de savourer jusqu'aux
privations qu'il s'impose, & de dormir profon-
dément en paix à l'abri des loix.

Le bonheur du premier consiste à sentir peu;
celui du second, à ne penser point; & celui du
dernier, à sentir & penser beaucoup.

L'homme n'est naturellement qu'homme; &
comme tel, il est égal à ses semblables : d'où je
conclus que tout autre titre différentiel, n'est qu'un
accessoire & n'entre point dans son intégration.

Donc, tout ce qu'il a pu furajoûter à cette qualité, fi l'attribut eſt légitime, il le tient du con-
ſentement de ſes Pairs ; s'il eſt outrageant pour
eux, il le doit à la rapine ; & s'il eſt injurieux
pour lui-même, il lui vient de leur uſurpation.
  Donc, s'il eſt aſſocié d'une manière qui lui
convienne, il a conſulté ſa raiſon avant de con-
ſentir à l'être ; & s'il l'eſt différemment, il n'a
pas été libre de la conſulter ; auquel cas il de-
meure pleinement dans ſon premier Droit.
  Donc, bien qu'en ſondant notre cœur, ſur-
tout dans la retraite, (1) nous y remarquions une
forte propenſion à nous rapprocher de nos ſemblables, il ne s'enſuit pas que nous ſoyons néceſ-
ſités à nous aſſocier avec tous, indiſtinctement
& ſans pouvoir nous en dédire ; ni plutôt avec
ceux-ci qu'avec ceux-là ; ni ſous de certaines
conditions, plutôt que ſous d'autres ; ni parce
que la conſanguinité nous uniroit déjà comme

---

(1) Oui, dans la retraite ; car dans le tourbillon des
ſociétés, on peut éprouver un penchant tout contraire ;
mais ce penchant ne prouve communément autre choſe,
ſinon qu'on eſt trop exigeant, ou trop ſuſceptible ; &
pour s'en guérir, il ne faudroit que vingt-quatre heures
de ſéjour au déſert. Tout Citoyen mécontent, en général,
des hommes, eſt, à coup-ſûr, un mauvais Citoyen.

defcendans de la même fouche, ni parce que
nous ferions placés entre des mers ou des chaînes
de montagnes qui nous rehfermeroient, comme
dans une prifon. Une foule de faits s'offroient
pour démentir ces conféquences; car l'Hiftoire nous
apprend & que les émigrations ont eu lieu dès
les premiers fiècles, & que par-tout les humains
ont formé des fociétés différentes, & que, dans
des pays clos, ainfi que nous l'avons dit, fur
un fol tout pareil, fous les mêmes latitudes,
non-feulement les habitans ne font pas unis en
corps de peuple, mais qu'ils font très-divifés par
la diffimilarité de Conftitution.

Donc, de la fociabilité qui nous caractérife,
on ne peut pas inférer que nous foyons affociés
précifément de la manière que nous le fommes,
ni que nous le foyons irrévocablement, par la
feule loi de l'inftinct, & fans aucune forte de
volition de notre part. Autrement, cette loi fe
contrediroit elle-même; puifqu'ici fon afcendant
nous rendroit monarchiftes, & là, ferfs ou Ré-
publicains.

Cette manière de raifonner eft très-laconique :
elle revient, à peu près, à celle des Optimiftes :
tout eft bien. Mais, que tout foit bien ou que
tout foit mal, fi vous admettez que tout eft ce
qu'il doit être, c'eft-à-dire, fi de la capacité que

nous avons d'exister errans, sujets, citoyens, ef-
claves, vous conclurez que nous offrons ces va-
riétés en vertu d'une prédestination, il faut laisser-
là tout raisonnement ultérieur ; il faut abandon-
ner chaque nation à son astre, & la tranquilli-
ser par ces mots sententieux : *tout est bien*.

Donc enfin, l'homme qui vit sous telles loix,
sous tel régime, s'il y jouit des droits inhérens
à sa nature, n'y vit que parce qu'il l'a voulu.

Le Citoyen, dans l'acception rigoureuse du
mot, est différencié du sujet, pareillement Citoyen dans tout le sens du terme, en ce qu'il
obéit uniquement aux Loix, tandis que le sujet
obéit de plus au protecteur des loix mêmes ; &
tous les deux sont différenciés du sujet imparfaitement Citoyen, ou complettement esclave, en ce
que le dernier est moins protégé par la Loi, qu'il
n'est dominé par un maître, ou qu'il obéit même
passivement au moindre signe d'un despote, qu'il
reconnoît comme la source de tous les droits, &
comme l'organe de la raison. Le sauvage diffère
de tous les trois, en ce qu'il n'a pour loi que la
nature, pour sauve-garde que son art ou sa force,
& pour dominateur que la nécessité.

N'inférez pas de-là que l'homme soit un entier absolu, comme l'a dit un Ecrivain justem. en
célèbre : il n'est tel que comparativement aux in-

dividus du même sexe, parce que ceux-ci ne se
prêtent, ni ne s'empruntent rien ; ce qui ne permet
que de les sommer comme des unités arithmétiques,
qui toutes ont exactement la même valeur. Mais
il ne l'est point à l'égard des autres individus ; sous
ce rapport, il doit être rangé dans les quantités
fractionelles; puisqu'il n'est effectivement que la
moitié de l'espèce, & qu'il n'en peut représen-
ter l'intégralité, que par son union avec un d'eux. (1)

Sur quoi je dirai, par occasion & non par suite
de principes, qu'il n'appartient point aux Sociétés
d'ordonner le mariage ; car il est évidemment
prescrit par l'Auteur de l'espèce, & leur com-
mandemens n'ajouteroit rien à son autorité. Mais
il leur est permis d'en reculer ou d'en avancer l'é-
poque, selon qu'il leur paroît plus expédient. On

_____

(1) Deux époux représentent l'espèce : donc ils en
réunissent tous les droits; & c'est dans ce sens qu'il faut
m'entendre, quand je parle de l'indépendance de l'homme,
puisque c'est alors seulement qu'il est tige, & qu'il ne sauroit relever immédiatement que de la nature, ainsi que les
Nations & toute l'humanité. Si le Créateur eût assujeti ces
tiges, s'il leur eût défendu de se détacher de la souche,
le genre humain ne formeroit encore qu'une Société, qu'une
famille, sur laquelle régneroit de droit son Patriarche; &
les trois enfans de Noé qui s'éloignèrent de leur berceau
pour peupler la terre, devroient être taxés de défection &
d'impiété.

ne peut auffi leur contefter le Droit de punir le célibat, toutes les fois qu'il devient nuifible ; ni de le tolérer, & même de le recommander, lorf-qu'elles le jugent avantageux. On juftifiera toutes ces affertions, quand on en fera là.

DES DROITS DE L'HOMME,

CONSIDÉRÉS

DANS LE CITOYEN.

J'étois homme ; mes Droits étoient absolus ;
je suis Citoyen, ils sont relatifs ; car je suis con-
venu d'en user au gré des autres, & de même
qu'ils entendent user des leurs.

Homme, je ne relevois que de ma conscience :
Citoyen, je ressortis d'un Tribunal de plus, la
Loi.

Je dois donc regarder la Loi comme la conscience publique ; & par conséquent, toutes les
fois que j'agis en Citoyen, je ne dois écouter
qu'elle ; puisque la mienne ne sauroit me dispen-
ser de ce que l'autre m'ordonne, ni m'autoriser à
ce qu'elle me défend.

Donc, pour savoir jusqu'où je peux aller, il
faut que la Loi le détermine ; &, puisqu'en m'as-
sociant, j'ai promis de m'arrêter où s'arrêteroient
les autres, je me suis ôté la faculté d'outrepasser.

Mais aussi, tous pouvant aller jusqu'au point qui leur a paru convenable, rien ne sauroit m'obliger de rester en-deçà.

Donc, mes Droits dans la Société, sont mesurés par ceux de mes semblables, ainsi qu'ils l'étoient ci-devant dans l'état naturel.

Donc, ce qu'est le Droit général de chacun, le mien l'est adéquatement : il ne finit qu'où celui de tous cesse, & tant que je n'ai pas atteint le dernier terme du licite, je ne l'ai pas épuisé.

Donc, il implique qu'un Citoyen puisse plus ou moins qu'un concitoyen. Autrement, il existeroit deux licites, & par conséquent deux Loix, & par conséquent deux Sociétés : donc celui qui pourroit moins, ne seroit pas concitoyen de celui qui pourroit plus.

Donc, *inégalité* de Droits civils, & *duplicité* de Nation, sont deux mots corrélatifs; & par conséquent, une section de Société qui s'attribueroit une sphère propre de licite, se déclareroit positivement républiqué, ou reconnoîtroit que sa prétention n'est pas la Loi; car ce que la Loi, c'est-à-dire, ce que tous ont voulu, chacun le peut; & ce que chacun ne peut pas, il est impossible que tous l'aient voulu.

Donc, les inégalités de condition, de rang, ou de fortune, n'emportent aucune disproportion de Droits civils ; & tant qu'elles ne prennent rien fur le falut public, ni fur la liberté générale, elles ne fauroient exciter aucune jufte réclamation ; car tous s'étant réfervé le pouvoir d'exploiter leurs moyens individuels, pour s'élever au plus haut degré poffible de bien-être, celui qui réuffit le mieux, ne fait qu'ufer de fon droit.

Donc, fi quelqu'un de nos Droits naturels, celui d'exifter, par exemple, loin d'avoir fouffert aucune limitation, eft devenu, pour quelqu'un, non plus étendu, mais plus inviolable, il l'eft devenu pour tous, & conféquemment pour moi.

Donc à la violation de ce droit, foit en moi, foit en tout autre, correfpond néceffairement la même loi prohibitive, & par conféquent le même prononcé pénal.

Donc auffi, fuppofé que tous aient reftreint leur droit d'ufer arbitrairement de leurs propriétés, de leur liberté, de leur force, j'ai reftreint le mien d'autant.

Donc je peux accepter ou refufer ; aller ou venir ; acheter, échanger ou vendre ; travailler ou me repofer ; chaffer ou pêcher ; me marier ou non, plutôt ou plus tard ; contracter, tefter ou promettre ; approuver ou blâmer ; parler ou me taire, &, comme chaque Citoyen le peut, ni plus ni moins.

Donc la Loi ne sauroit s'expliquer trop clairement sur ces points, afin de n'en laisser aucun à l'interprétation de personne, & de nous ranger ainsi tous sous l'inspection d'un Censeur public.

Donc, puisque ce Censeur n'est autre chose que l'opinion ; que l'opinion est l'un des principaux ressorts du Gouvernement ; & que la force de ce ressort dépend de la double sagesse des loix & de leurs dépositaires, c'est à bien organiser le système légal de son régime, qu'une Nation doit scrupuleusement s'attacher.

Que si la Loi se taisoit sur quelqu'un des points susdits, comme sur tel ou tel usage de ma liberté, sur tel ou tel emploi de mes propriétés réelles, en demeurerois-je pour cela le maître ? Non ; il est une règle que le Citoyen doit consulter, même dans ces cas-là. C'est l'esprit du Pacte ; car, pour se comporter en associé loyal & fidèle, avant d'agir, il doit toujours se demander : « Ceci rentrera-t-il dans l'engagement que j'ai » pris envers mes semblables ? auront-ils lieu de » m'en bien vouloir, & serois-je content du même » procédé de leur part » ?

Donc il n'est pas vrai que tout Citoyen puisse tout ce que la Loi ne défend pas expressément. Quiconque ne s'interdit que ce que la Loi prohibe,

eſt infailliblement en exécration dans ſon domeſ-
tique , & fait peur aux hommes de bien.

Donc , à l'exception de mon droit d'exiſter
qui ſeul a gagné , tous mes autres droits ont perdu
de leur latitude ; car , d'indéfinis qu'ils étoient ,
ils ſont maintenant limités ; mais plus reſſerrés ,
ils n'en ſont que plus ſolides ; & , d'après cette
conſidération , j'ai moins à regretter un prétendu
ſacrifice , qu'à m'applaudir d'un gain réel.

Mais la forme de Citoyen abſorbe-t-elle la
forme d'homme ? Non ; celle-ci ſurvit à l'autre ,
ou plutôt je revêts alternativement chacune d'elles;
car , dans l'intérieur de ma maiſon , ou dans une
profonde ſolitude , je ne ſuis qu'homme ; & ,
ſous les yeux du Public , je ne ſuis que Citoyen-
Homme , je juge les Loix-mêmes ; Citoyen , je
ne peux que leur obéir.

Donc , en cette dernière qualité , je ſuis conſ-
tamment ſous leur empire ; mais , dans l'autre ,
je me retrouve ſouvent vis-à-vis la nature , & pour
lors , je ne dépends que de ma conſcience , & de
l'univerſelle raiſon.

Donc , en ce cas , les Loix ignorent ce que
je dis comme ce que je fais : donc c'eſt à moi
de me cenſurer moi-même , c'eſt-à-dire , de
voir ce qui peut m'arriver de mes actions , ou
de mes paroles ; car , ſi-tôt qu'un effet public

en constatant l'injuftice , je retomberois fous la verge du Magiftrat. Mais alors , loin d'être venu m'inquifitionner dans mon fanctuaire , il m'eut attendu fur fon tribunal que la publicité vint l'avertir de ma faute ; & ce feroit moi qui feul me ferois trahi moi - même , en ne m'obfervant pas , comme je devois , fur un abus de ma liberté , dont j'aurois pu prévoir que les fuites m'enlaceroient.

Donc , lors même que je redeviens purement homme , je ne dois jamais oublier que je fuis Citoyen : donc , ne pouvant oppofer à quelqu'un mes droits abfolus , fans l'autorifer à m'en oppofer de tout pareils , je dois me montrer Citoyen dans ma maifon , aux champs , fous les feuls regards de la nature ; car , comme j'entends que par-tout la Société foit ma fauve-garde , par-tout je la dois refpecter dans chacun.

Donc , un des intérêts majeurs de la Société , c'eft l'éducation ; car , 1°. le Citoyen étant enté fur l'Homme ; fi le fauvageon eft vicié , la greffe s'en doit reffentir ; 2°. le Citoyen n'ayant , dans bien des occafions , d'autre cenfeur que fa confcience , il importe que ce cenfeur ait autant de rectitude que d'autorité.

Donc la fanté des Nations eft dans la force de leur morale , comme leur infirmité dans la corruption des principes , & par conséquent dans la foiblesse des Loix.

Donc ; enfin , autant le Citoyen assure les droits de l'Homme , autant l'Homme doit garantir les devoirs du Citoyen.

De la Loi.

Le mot de Loi , dans l'acception la plus générale , est l'expression d'un ordre invariable fondé sur le rapport essentiel des causes avec leurs effets.

En Physique , les Loix sont l'expression d'un effet nécessaire ou de la manière d'opérer que la nature suit constamment : ces deux termes sont corrélatifs. Le son parcourt environ trois cents toises par seconde : un corps élastique tombant sur un autre , fait l'angle de réflexion égal à celui d'incidence ; tout projectile qui n'est pas lancé verticalement , décrit une section conique : voilà des Loix.

En Dynamique , les Loix sont l'expression du produit des forces , ou de leurs diverses fonctions. A des distances égales , on soulève des poids égaux avec la même quantité de force ; mais , si vous doublez la distance , il faut quadrupler cette quantité , de manière que deux corps qui sont en raison d'un à trois , feront équilibre , si vous les placez à l'égard du point d'appui , dans un rapport contrine, c'est-à-dire, le premier trois fois aussi loin que le dernier. C'est une Loi ; car les airs que parcourent les corps , sont en raison inverse du quarré de leurs distances ; découverte fameuse que nous devons à Képler , & dont Newton nous a donné la démonstration (1).

En mathématique, les Loix sont l'expression des rapports égaux ou de leurs différences; car ici tout est grandeur relative, quantité , dimension ; & tout se réduit à prononcer les résultats des comparaisons qu'on en fait. Ainsi deux gnomons étant posés parallèlement à l'axe de la terre, & dans un égal degré de déclinaison, sur le même mur , par exemple, s'ils sont parfaitement égaux en longueur, leurs ombres seront en tout temps égales ; & si l'ombre de l'un excède celle de l'autre, d'une quantité

---

(1) Il est certain, suivant notre manière de voir, qu'un grain de sable est infiniment moins pesant, ou qu'il faut, pour le remuer, infiniment moins de force que n'en exigeroit la masse totale de l'Univers. Cependant, nous nous trompons ; car, cette masse n'a point de centre ; & par conséquent, elle ne sauroit graviter : donc elle céderoit à la plus foible impulsion, au plus petit élément de force, tandis que le grain de sable ne seroit déplacé que par un effort très-grand, en comparaison. C'est en cela que consiste l'admirable loi de la pesanteur, dont la variation, selon les distances, démontre si clairement la liberté de celui qui la fit & qui la maintient.

quelconque, le premier fera plus long de la même
quantité refpective : à deux cents pas communs,
un homme nous paroît avoir, à peu près fa taille;
mais fi nous le regardons de deux cents pieds de
haut feulement, il perd beaucoup à nos yeux,
de fa grandeur réelle ; parce que nous le voyons fous
un angle confidérablement plus petit : les planètes
font leurs révolutions annuelles dans des temps
dont les quarrés font comme les cubes de leurs
différentes diftances du foleil : voilà toujours des
rapports.

Sur cela, je dirai, par occafion, que les contradicteurs
des forces mortes, me femblent n'être pas bien fondés ;
car, dans un corps, quoique fufpendu, quoique fuppofé
dans le plus parfait équilibre, il refte toujours, je ne
dis pas fa pefanteur, mais fa gravitation à furmonter ;
& ce font deux chofes qu'il faut avoir grand foin de
diftinguer dans cette Queftion ; car le noyau même du
foleil, l'atôme qu'on conçoit en former le centre, ne pèfe
certainement point ; mais il n'en eft pas moins affecté par
la gravitation.

QUESTIONS